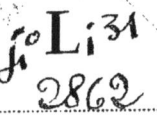

LE
THÉATRE A TROYES

AUX QUINZIÈME ET SEIZIÈME SIÈCLES

PAR

Octave BEUVE

CONSERVATEUR DE LA BIBLIOTHÈQUE ET DES MUSÉES
DE CHÂLONS-SUR-MARNE
ANCIEN ARCHIVISTE DE LA VILLE DE TROYES

PARIS
TYPOGRAPHIE PLON-NOURRIT et Cie
8, RUE GARANCIÈRE — 6e
—
1913

LE
THÉATRE A TROYES
AUX QUINZIÈME ET SEIZIÈME SIÈCLES

LE
THÉATRE A TROYES
AUX QUINZIÈME ET SEIZIÈME SIÈCLES

Ce mémoire a été lu à la réunion des Sociétés des Beaux-Arts des départements, tenue dans l'hémicycle de l'École des Beaux-Arts, à Paris, le 13 mai 1913.

LE
THÉATRE A TROYES

AUX QUINZIÈME ET SEIZIÈME SIÈCLES

PAR

Octave BEUVE

CONSERVATEUR DE LA BIBLIOTHÈQUE ET DES MUSÉES
DE CHALONS-SUR-MARNE
ANCIEN ARCHIVISTE DE LA VILLE DE TROYES

PARIS
TYPOGRAPHIE PLON-NOURRIT ET Cie
8, RUE GARANCIÈRE — 6e
—
1913

LE
THÉATRE A TROYES

AUX QUINZIÈME ET SEIZIÈME SIÈCLES

L'histoire du théâtre à Troyes pour la période antérieure à la Révolution n'a pas été écrite. Cependant, trois mémoires ont vu le jour qui en traitaient. L'un, dû à la plume de M. Vallet de Viriville, a paru en 1842[1]; le second, écrit par M. Th. Boutiot, date de 1854[2]; enfin, en 1901, M. Louis Morin nous donna le troisième[3].

Du travail — d'ailleurs très neuf et documenté à souhait — de ce dernier, nous ne parlerons point ici. Il traite exclusivement, en effet, des représentations scéniques données à Troyes aux dix-septième et dix-huitième siècles, et, pour nous, nous n'entendons parler ici que de celles qui se donnèrent en la vieille capitale de la Champagne, aux quinzième et seizième siècles. Aussi, nous bornerons-nous à examiner les seuls travaux de MM. Vallet de Viri-

---

[1] VALLET DE VIRIVILLE (A.). *Notice d'un mystère par personnages représenté à Troyes vers la fin du quinzième siècle.* (*Bibliothèque de l'École des Chartes*, 1842, p. 448-474.)

[2] BOUTIOT (Th.), *Recherches sur le théâtre à Troyes au quinzième siècle.* Troyes, Bouquot, 1854, in-8° de 38 pages. (Extrait des *Mémoires de la Société académique de l'Aube*, année 1854.)

[3] MORIN (Louis), *Le Théâtre à Troyes au dix-septième et au dix-huitième siècle.* Paris, Imprimerie nationale, 1901, in 8° de 31 pages. (Extrait du *Bulletin historique et philologique*, 1901.)

ville et Th. Boutiot, rectifiant certaines de leurs assertions et complétant leurs données.

Paru il y a plus d'un demi-siècle, le travail de M. Vallet de Viriville a considérablement vieilli. A proprement parler, c'est une analyse, trop succincte à notre avis, un résumé trop bref, à notre gré, du *Mystère de la Passion*, datant du quinzième siècle, propriété de l'échevinage troyen, qui servait aux représentations données à Troyes à la fin de ce siècle et conservé aujourd'hui à la bibliothèque de cette ville [1].

Postérieur de douze ans à celui de M. Vallet de Viriville, le travail également très court de M. Th. Boutiot n'est, lui aussi, qu'une analyse, qu'une notice descriptive du *Mystère de la Passion*. Convaincu que le « recueil » dans lequel M. Vallet de Viriville avait signalé à l'érudition le mystère troyen était « peu répandu dans cette ville » (il s'agissait de la *Bibliothèque de l'École des Chartes*), M. Boutiot entreprit de le faire connaître à ses concitoyens et, dans ce but, fit insérer son étude dans les *Mémoires de la Société académique de l'Aube*.

L'analyse du mystère forme la partie principale du travail ; elle est précédée de quelques renseignements sur la fête des Fous, dont nous n'avons pas à nous occuper, et de quelques mentions de représentations théâtrales données à Troyes, de 1483 à 1523, glanées par l'auteur dans les seules archives communales de Troyes. M. Boutiot ne nous donne malheureusement pas de références plus explicites et n'a pas songé à produire de pièces justificatives. En outre, son travail renferme — on va bientôt le voir — plus d'une affirmation erronée, plus d'une hypothèse téméraire.

*
* *

Et tout d'abord, M. Boutiot affirme qu'il ne se donna point de représentations théâtrales à Troyes avant la fin du quinzième siècle, avant 1480.

---

[1] Manuscrit n° 2282.

« *A la fin du quinzième siècle*[1], écrit-il[2], le commerce, l'industrie, les arts utiles avaient à Troyes une importance conquise par l'activité de ses laborieux habitants, activité déployée pendant la paix qui suivit les guerres si désastreuses des Anglais. Après que Troyes eut recouvré ce calme si nécessaire aux affaires commerciales, après que celles-ci eurent prospéré et que les fortunes privées furent arrivées à un certain degré d'élévation, *les arts d'agrément vinrent prendre dans notre ville une place qu'ils n'y avaient jamais occupée*[3] et qu'ils quittèrent, alors que naquirent les dissensions civiles et religieuses. »

Cette conviction dans laquelle il est que le théâtre à Troyes date seulement des dernières années du quinzième siècle, M. Th. Boutiot l'affirme à nouveau, quelques pages plus loin : « Si l'on se rappelle, dit-il[4], les faits de ce siècle [le quinzième], on peut être assuré que la ville de Troyes ne pouvait, *avant l'année 1480*[5], se livrer aux préoccupations attachées aux préparatifs d'un tel spectacle ni s'abandonner aux distractions que ce spectacle entraînait nécessairement avec lui. »

Il semble, en effet, que les calamités sans nombre qui vinrent fondre sur la malheureuse Champagne durant « les guerres des Anglais » auraient dû éloigner les Troyens de toute espèce de divertissement, y compris celui du théâtre. Il n'en est rien, cependant, et l'affirmation de M. Boutiot est erronée.

Tout d'abord, il s'est donné à lui-même, dans le travail déjà cité, un démenti, en écrivant « qu'à l'occasion de la reprise de la Guyenne, en 1451, par Charles VII, la ville de Troyes, pour glorifier les succès des armées du roi, fit représenter une moralité à personnages et paya sur ses deniers communs la somme de 20 sous à Messire Félix Collet, Nicolas Brodey, prêtres et autres, pour la dépense qu'ils avaient faite ». Mais, il y a plus : les alertes continuelles, la profonde désolation de la contrée, n'empêchaient

---

[1] C'est nous qui soulignons.
[2] *Recherches...*, p. 420.
[3] C'est nous qui soulignons.
[4] *Recherches...*, p. 422.
[5] C'est nous qui soulignons. Dans son *Histoire de Troyes*, parue beaucoup plus tard, Boutiot a écrit ceci, t. III, p. 411 : « Le premier mystère *aurait* été joué à Troyes en 1419. » Aucune référence ne suit cette affirmation, faite avec toutes réserves, semble-t-il.

point les chanoines de l'église collégiale et royale de Saint-Étienne de Troyes de représenter le jour de Pâques 1423, dans leur église, le *Jeu de la Passion* et, peu après, le *Jeu de Saint Étienne;* au mois de février de l'année suivante, trois chanoines de cette église trouvaient un public pour représenter « une farce déshonorante » de leur composition, attaquant les ecclésiastiques et le mariage et scandalisant « plusieurs notables gens ». La même année (1424), les Troyens virent représenter, le jour de Pâques, le *Jeu de la Résurrection*, et, à la Fête-Dieu, les *Jeux des monstres*. Nous avons aussi trouvé trace de représentations pour les années 1426, 1435, 1444, 1445, 1447, 1451 et 1457.

Il est donc, dès maintenant, nettement démontré que le théâtre florissait à Troyes dès le premier quart du quinzième siècle. La thèse de M. Boutiot est donc condamnée.

* *

Il est superflu, désormais, d'insister sur les origines ecclésiastiques et religieuses du théâtre. On en aurait une preuve nouvelle, s'il en était besoin, en considérant ce qui se passait à Troyes. Nous voyons, en effet, que les plus anciennes représentations dont nous venons de retrouver la trace, s'y donnaient à l'intérieur de l'église collégiale de Saint-Étienne et avaient pour auteurs et pour acteurs les chanoines eux-mêmes et pour objet des sujets religieux. La représentation des mystères avait pour but de continuer l'enseignement tombé, du haut de la chaire, des lèvres du prêtre. Les doctrines répandues dans les masses par la prédication trouvaient, de la sorte, pour ainsi dire, une traduction sensible et un utile commentaire. Nous constatons qu'à Troyes, comme ailleurs, c'étaient les mêmes prêtres, chargés de faire entendre aux fidèles la parole divine, qui étaient les acteurs de ces représentations, à l'origine essentiellement religieuses.

Le drame eut d'abord pour scène le sanctuaire, ensuite le seuil de l'église. Peu à peu, le théâtre s'étant laïcisé et dans le choix des sujets et dans le recrutement des acteurs, la scène s'éloigna du

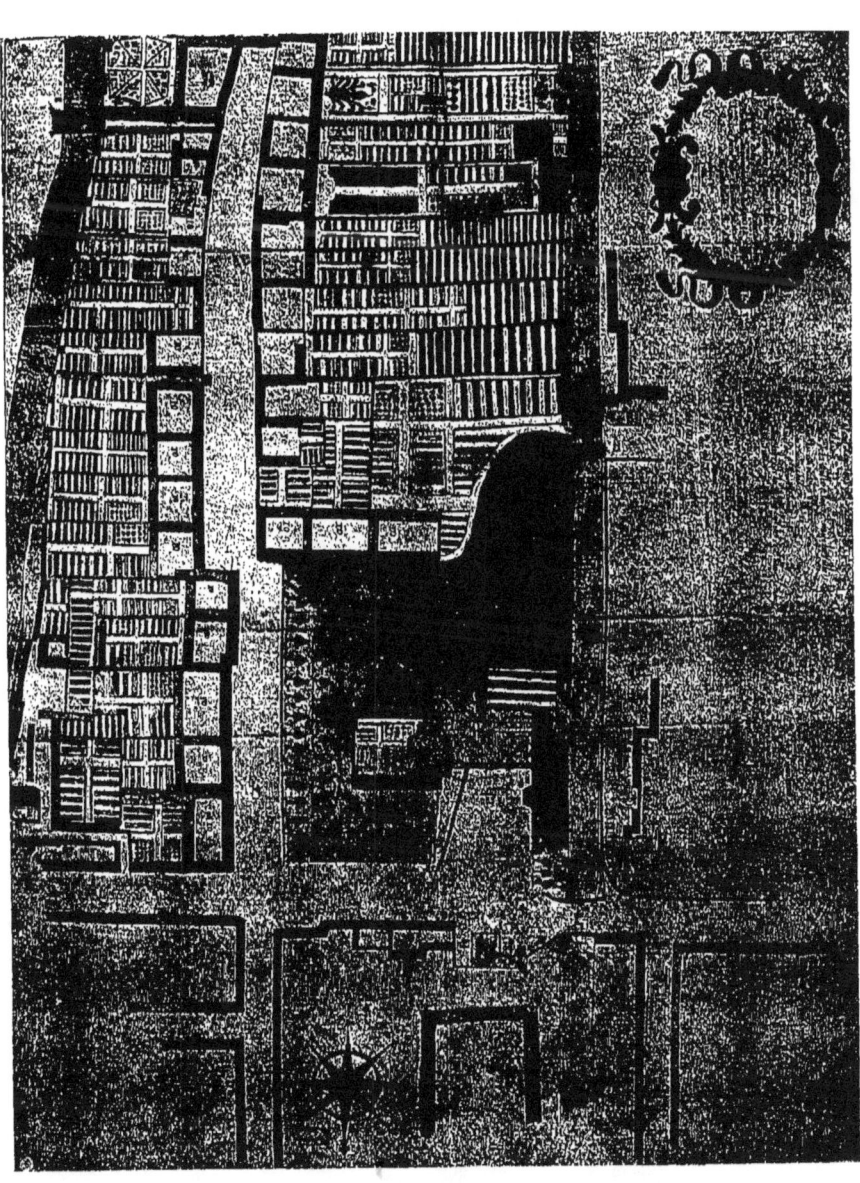

PLAN DU CLOÎTRE DE SAINT-ÉTIENNE DE TROYES AU XVIIIᵉ SIÈCLE

(Archives de l'Aube.)

lieu saint, et ce fut sur la place de la ville la plus favorable à ce genre de représentations que se dressa l'indispensable « escharfault ».

A ce propos, M. Th. Boutiot a écrit ce qui suit : « Le *Mystère de la Passion* aurait été représenté à Troyes, chaque année, de 1483 à 1497. Il est à croire que la représentation s'en faisait sur la place du Marché-au-Blé, à cet effet la mieux disposée et la plus grande de la ville et vers la fête de la Madeleine [1] : »

Ces quelques lignes renferment une double erreur. Tout d'abord, *le Mystère de la Passion* (ainsi que les autres *jeux*) était joué au cloître Saint-Étienne, dont les vastes proportions se prêtaient merveilleusement aux rassemblements [2]. Pour s'en convaincre, il suffira de parcourir nos *Pièces justificatives* et la *Liste* qui les suit. Ce faisant, la seconde erreur de Boutiot sautera aux yeux, et l'on s'apercevra que ces représentations avaient lieu à toute époque de l'année.

*
* *

Les chanoines de Saint-Étienne accordaient libéralement la permission de « jouer » au cloître. Quelquefois, les acteurs demandaient eux-mêmes l'autorisation nécessaire, tel messire Jehan Raoul, chanoine, en 1445, 1447, tels encore « les joueurs de la Passion » en 1482. D'autres fois, les acteurs faisaient solliciter l'indispensable permission par l'intermédiaire de notables de la ville, un Claude Le Tartrier, un Jean de Mesgrigny, en 1482, un Guillaume Huyard, un Simon Liboron, en 1489. Dans un cas comme dans l'autre, le chapitre délibérait et libéralement accordait « licence et congié » de « jouer » aux acteurs, « en leurs périlz et fortunes ». Presque toujours, il posait ses conditions. Tantôt, il exigeait qu'on lui montrât ce que l'on voulait jouer « affin que l'honneur de l'église soit gardée » (1447) ; tantôt, l'auteur ou l'acteur principal était invité à empêcher « de fère aucune dérision ». N'était-ce pas ainsi que devaient agir de bons chanoines ?

---

[1] *Recherches...*, p. 451.
[2] Voir le plan ci-joint.

Pour être chanoines, cependant, on n'en est pas moins propriétaires. Aussi, après avoir pensé au spirituel, Messieurs du chapitre n'avaient garde d'oublier le temporel. Ils exigeaient, par exemple, que les auteurs fissent la promesse « de remettre en estat » leur cloitre, de ne « percer aucuns arbres » et baillassent « plaiges et caution de restituer tous les dommaiges et intérestz qui, à cause dudict jeu, porront advenir à ladite esglise ».

Et, « pourveu que trois ou quatre des plus souffisans » voulussent bien s'obliger « à rendre et restituer tous les intérestz et dommaiges tant ou cloistre que en l'église », les chanoines étaient sans inquiétude. Comme l'occupation du cloitre par les « escharfaults » et les spectateurs durait parfois plusieurs jours et n'allait pas sans gêner Messieurs de Saint-Étienne dans leurs allées et venues habituelles, ils défendaient aux acteurs de clore « le gros du pavé », leur demandant de laisser passage pour ceux de leurs confrères ayant maisons canoniales dans cette partie du cloitre. Enfin, exigence bien naturelle, les chanoines réclamaient pour eux-mêmes « pendant le tems qu'on jouera ledit mystère... lieu et place pour voir jouer, ainsi qu'ilz ont eu du temps passé... sur les escharfaulx ».

En quel endroit du cloitre dressait-on ces derniers ? Très probablement à la porte de la collégiale. En 1447, messire Jehan Raoul obtient, en effet, permission « de faire escharfault » devant l'église. Le jour de Noël de la même année, sans doute à cause de la rigueur de la saison, il obtint du chapitre la permission de l'installer à l'intérieur de l'église. Même, le chapitre lui fournit le luminaire avec la même bonne grâce qu'il avait offert, « à ceulx du Jeu de la résurrection, les chappes de soye de leur église, pourveu qu'il ne pleuve point ».

Tels sont les renseignements sur le théâtre à Troyes aux quinzième et seizième siècles que le dépouillement des registres de délibérations du chapitre de Saint-Étienne de Troyes nous a permis de recueillir.

La première mention rencontrée de représentations théâtrales remonte à 1423; la dernière date de 1540. Une liste des représentations données à Troyes entre ces deux dates termine ce travail.

Avant de déposer la plume, peut-être nous sera-t-il permis de rappeler qu'à ce même chapître, protecteur des joueurs de mystères, devait appartenir Pierre de L'Arrivéy, auteur de célèbres comédies et l'un des précurseurs de Molière, mort chanoine de l'insigne église collégiale et royale de Saint-Étienne de Troyes en 1632.

LE THÉÂTRE A TROYES

Liste des représentations théâtrales données à Troyes aux quinzième et seizième siècles[1].

DATES	DÉSIGNATION	LIEUX DE REPRÉSENTATION	SOURCES
1423 (Pâques).	*Le Jeu de la Passion.*	Église Saint-Étienne de Troyes et cloître.	Arch. Aube, 66, 3, reg. (*Pièces justificatives*, I.)
1423.	*Le Jeu de Saint-Estienne.*		Arch. Aube, 66, 3, reg. (*Pièces justificatives*, II.)
1424, 26 février.	« *Farce déshonnorante et diffamée contre toutes gens d'église et mariage.* »		Arch. Aube, 66, 3, reg. (*Pièces justificatives*, III.)
1424 (Pâques).	*Le Jeu de la Résurrection.*		Arch. Aube, 66, 3, reg. (*Pièces justificatives*, IV.)
1424 (la Fête-Dieu).	*Le Jeu des Monstres.*		Arch. Aube, 66, 3, reg. (*Pièces justificatives*, V.)
1436 (Pâques).	*Les Trois Maryes.*		Arch. Aube, 66, 3, reg. (*Pièces justificatives*, VI.)
1435.	Mystères et Moralités.		Boutiot, *Histoire de Troyes*, II, 588, d'après Arch. communales de Troyes, P. 49, f. 3 r°.
1444.	« Pragmatique sanction. »		Boutiot, *Recherches*... p. 433-435, sans référence.
1445.	*Le Jeu de la Résurrection.*	Cloître de l'église Saint-Étienne.	Arch. Aube, 66, 4, reg. (*Pièces justificatives*, VII-VIII.)
1447 (mai).	Pièce non désignée.	Devant l'église Saint-Étienne de Troyes.	Arch. Aube, 66, 4, reg. (*Pièces justificatives*, IX.)
1447 (Noël).	—	Église Saint-Étienne.	Arch. Aube, 66, 4, reg. (*Pièces justificatives*, X.)
1451.	« Moralité à personnages. »		Boutiot, *Histoire de Troyes*, III, p. 67, d'après Arch. communales de Troyes, N. F. B. 15. *Recherches*... p. 426-427[2].
1457 (avril).	*Le Jeu de la Résurrection.*	Cloître de l'église St-Étienne.	Arch. Aube, 66, 5, reg. (*Pièces justificatives*, XI.)
1482.	Représentation donnée par les Joueurs de la Passion.	Cloître de l'église St-Étienne.	Arch. Aube, 66, 7, reg. (*Pièces justificatives*, XII.)
1483[3].	*La Destruction de Jérusalem.*	Cloître de l'église St-Étienne.	Arch. Aube, 66, 7, reg. (*Pièces justificatives*, XIII.)
1485 (avril).	*Le Mystère de la vie de monseigneur saint Loup*[4].		Arch. Aube, 66, 7, reg. (*Pièces justificatives*, XIV.)
1485 (juin).	*Saint Alexis.*		Arch. Aube, 66, 7, reg. (*Pièces justificatives*, XV.)
1488 (août).	*Jeu de madame sainte Barbe.*		Arch. Aube, 66, 7, reg. (*Pièces justificatives*, XVI.)
1488 (fin mars).	*Le Jeu et Vie de monsieur saint Jacques.*		Arch. Aube, 66, 8, reg. (*Pièces justificatives*, XVII.)
1488 (Pâques).	*Le Jeu de la Résurrection.*		Arch. Aube, 66, 8, reg. (*Pièces justificatives*, XVIII.)

[1] Nous avons mis en *italique* les représentations non connues de M. Boutiot.
[2] Dans son *Histoire de Troyes*, t. III, p. 67, Boutiot assigne comme date à cette représentation l'année 1451 ; p. 414-415 du même ouvrage, il déclare qu'elle eut lieu en 1452. En réalité, ce fut en 1451.
[3] « L'année 1483, écrit Boutiot (*Recherches...* p. 428), est la première pour laquelle il est constaté, dans nos archives municipales, que le *Mystère de la Passion* fut joué à Troyes. » De 1483 à 1497, suivant le même auteur (ouvr. cit., p. 451), le Mystère de la Passion aurait été représenté à Troyes chaque année. Ailleurs encore (ouvr. cit., p. 427), il écrit que « pendant sept ans, de 1483 à 1490, Nicole Noiti, prêtre jacobin, remplit le rôle de Jésus dans le Mystère de la Passion ». (Sans références.)
[4] Boutiot a trouvé trace de cette représentation. (*Cf. Recherches...*, p. 451.) D'après lui, elle aurait eu lieu en juin.

Liste des représentations théâtrales données à Troyes aux quinzième et seizième siècles (suite).

DATES	DÉSIGNATION	LIEUX DE REPRÉSENTATION	SOURCES
1489 (novembre).	Le Mystère de la Passion.	Cloître de l'église St-Étienne.	Arch. Aube, 6G, 8, reg. (Pièces justificatives, XIX.)
1490 (mai).	Le Mystère de la Passion.		Arch. Aube, 6G, 8, reg. (Pièces justificatives, XX), et Boutiot, Recherches..., p. 429, sans référence.
1492. [1]			
1496 (mars) [2].	Le Mystère de la Passion.		Arch. Aube, 6G, 8, reg. (Pièces justificatives, XXI.)
1496 (septembre).	Mystère.		Arch. communales de Troyes, B, 49.
1505 (Pentecôte).	Le Mystère de la Passion.		Arch. Aube, 6G, 8 bis, reg. (Pièces justificatives, XXII.)
1506.	L'Vstoire de monsieur saint Estienne.		Boutiot, Recherches..., p. 453, sans référence.
1507.	Le Mystère de monsieur saint Jacques.		Arch. Aube, 6G, 8 bis, reg. (Pièces justificatives, XXIII.)
1523.	Le Mystère de la Passion.		Boutiot, Recherches..., p. 453, sans référence.
1531.	Le Mystère de la Passion.	Cloître et jardin de la Sale le roy.	Arch. Aube, 6G, 12, reg. (Pièces justificatives, XXIV et XXV), et Boutiot, Histoire de Troyes, III, p. 345-346, d'après Arch. communales de Troyes, B, 111.
1540 (juin).	Le Mystère de la Vengeance.	Jardin de la Sale le roy et cloître Saint-Étienne.	Arch. Aube, 6G, 15, reg. (Pièces justificatives, XXVI et XXVII.)
1540 (septembre).	La Vie de monsieur saint Loup.		Arch. Aube, 6G, 15, reg. (Pièces justificatives, XXVIII.)

[1] Il dut y avoir cette année-là représentation d'un mystère, car Boutiot signale blanchet pour servir à *faire les corps de Jondaines pour faire les mystères*. (Sans référence.)

[2] Suivant Boutiot (Recherches..., p. 452), cette représentation aurait eu lieu à la fête de la Madeleine. (Sans référence.) (Recherches..., p. 452) que messire Jehan Roger, prêtre, reçut trois aunes de petit drap

Note sur une représentation du mystère donnée à Nogent-sur-Seine en 1494.

Les représentations de mystères n'étaient pas seulement en vogue à Troyes, mais encore dans la région. *Le Jeu Monsieur Saint Laurent* fut, en effet, représenté en 1494 à Nogent-sur-Seine ; l'évêque de Troyes et l'abbé de Montier-la-Celle firent même le voyage pour assister à la représentation. Le fragment de compte qu'on va lire, tiré des Archives de l'Aube (Fonds de Montier-la-Celle, 7 H 259, reg. f° 63) met le fait en lumière :

« 1494. A Monseigneur l'abbé, baillé le lendemain de Penthecouste, lequel jour il partit avec Monseigneur de Troyes pour aller à Nogent veoir jouer le jeu monsieur Saint Laurent, le somme de XII. t. »

PIÈCES JUSTIFICATIVES.

I

25 mars 1422 (v. st.). — « On fera le *Jeu de la Passion* à Pasques en la nef de ceste église et cloistre, de viij personnages, mais qu'ilz soient veuz par aucuns de messieurs. » (Archives départementales de l'Aube, 6G, 3, reg. f° 37 r°.)

II

1423. — Maître Jehan Jacob demande aux chanoines de Saint-Etienne « qu'il leur pleust fere aucune gratuité à ceulx qui firent yer *le Jeu de Saint Estienne* ». (*Ibidem*, 6G, 3, f° 47 v°.)

III

Jeudi, 2 mars 1423 (v. st.). — « A ceste journée avoient esté cités d'office à la requeste du procureur de ceste église messire Hugues Basset, messire Jehan Festuot, messire Thomas (en blanc) et Jehan Le Filz, lesquelx ont comparu et a esté proposé contre eulx que dimanche darrenier passé, ils juèrent une farce deshonorante et diffamée contre toutes gens d'église et mariaige, de quoy plusieurs notables gens en sont mal comptent, laquelle chose ilz ont confessé et pour ce l'ont amandé et à esté tauxée l'amande qu'ilz jusneront chascun ung venredi en pain et yaue entrecy et Pasques. Item, leur a esté commandé, sur poine de droit, espécialement audit messire Hugues, audit Fetuot et Jehan Le Filz, qu'ilz se tiegnent d'oues en avant honestement et en abit honeste et convenable et qu'ilz ne fassent plus nulles farces ne jeux, ce ce n'est d'église. » (*Archives départementales de l'Aube*, 6G, 3, reg. f° 65 v° et 66 r°.)

IV

11 avril 1424. — « Messieurs ont ordonné que on fera le *Jeu de la Résurrection*, le jour de Pasques en la nef et après que matines seront achevées. » (*Ibidem*, 6G, 3, f° 71 r°.)

V

16 juin 1424. — « Item..., on prestera des habilemens de ceste esglise à ceulx qu'il feront les *Jeus des Monstres*, le jour de la Feste Dieu. » (*Ibidem*, 6G, 3, f° 75 v°.)

VI

26 mars 1426. — « Messieurs ne sont point d'acort que on face point de jeu le jour ne lendemain de Pasques en ceste église ne ou cloistre, ce ce n'est *Les Troys Maries* acoustumées à fere à matines. » (*Ibidem*, 6G, 3, reg. f° 135 r°.)

VII

5 avril 1445. — « Ce jour, messieurs ont baillé licence et congié à messire Jehan Raoul et autres chanoines de ceste esglise de fere ou cloistre le *Jeu de la Résurrection Notre Seigneur*, en leurs périlz et fortunes. » (*Ibidem*, 6G, 4, reg. f° 165.)

VIII

29 avril 1445. — « Ce jour, messieurs ont délibéré que ceulx du *Jeu de la Résurrection* auront des chappes de soye de ceste esglise, pourveu qu'il ne pleuve point. » (*Ibidem*, 6G, 4, reg. f° 166.)

IX

5 mai 1447. — « Ce jour, messieurs, de leur grâce, ont permis à messire Jehan Raoul de faire escharfaut dimenche prochain venant, devant ceste esglise, pourveu qu'il n'y souffrera fere aucune   . » (*Ibidem*, 6G, 4, reg. f° 193.)

X

12 décembre 1447. — « Ce jour, messieurs ont délibéré que messire Jehan Raoul, prebtre, chanoine de ceste esglise, joue en ceste esglise le

jour de noël, s'il veult jouer, et que monstre à mes dits sieurs ce qu'il voulra jouer, affin que l'onneur de l'esglise soit gardée et fournira l'esglise le luminaire..." (*Archives départementales de l'Aube*, 6G, 4, reg. f° 206.)

XI

28 avril 1457. — « Ce jour, messieurs ont délibéré que les vicaires auroyent XV s. t. qu'ilz ont despenduz à fere le *Jeu de la Résurrection* et estoit Cabuche Dieu et le payera le maitre de l'œuvre. » (*Ibidem*, 6G, 5, reg. f° 143 v°.)

XII

16 avril 1482. — « Ce jour, messieurs ont donné congyé, licence et permission à messieurs les Joeurs de la Passion pour jouer ou cloistre, pourveu qu'il s'obligeront de remettre en estat ledit cloistre et pourveu que messieurs aront lieu sur leurs escharfaulx et pareillement que on ne percera aucuns arbres. » (*Ibidem*, 6G, 7, reg. f° 85 v°.)

XIII

6 mars 1483. — « Ce jour, messieurs, à la requeste de Claude Le Tartrier, Jehan de Mesgrigny et autres, supplians qu'il pleust à messieurs de leur bailler licence et congyé de povoir faire escharfaulx ou cloistre de ceste esglise pour jouer *la Destruction de Jhérusalem*, moyennant qu'ilz bailleront plaiges et caution de restituer tous les dommaiges et intérestz qui à cause du dit jeu porra advenir à ladite esglise, ce que mes dits sieurs ont accordé de grâce. » (*Ibidem*, 6G, 7, reg. f° 101 v°.)

XIV

14 avril 1485. — « Ce jour, messieurs ont consenti que messieurs [l']abbé et couvent de Saint-Loup aront de permission et grâce espéciale le cloistre pour jouer le *Mystère de la vie Monseigneur Saint-Loup*, pourveu que messieurs auront place gratis... » (*Ibidem*, 6G, 7, reg. f° 140 v°.)

XV

9 juin 1485. — « Ce jour, messieurs ont délibéré que les joueux de *Saint-Alexis* ne joueront point ou cloistre de l'esglise et se sont opposés plusieurs de messieurs. »

14 juin 1485. — « Ce jour, messieurs ont permis aux joueurs de *Saint-Alexis* qu'il puisse jouer ou cloistre, non obstant que jeudi darre-

nier fut délibéré qu'ils ne jourroyent point, et moyennant ce, lesdits joueux bailleront à la fabrique VI escus contant... » (*Archives départementales de l'Aube*, 6G, 7, reg. f°s 143 r° et 143 v°.)

XVI

2 août 1485. — « Ce jour, messieurs ont permis que les joueurs du *Jeu de Madame Sainte Barbe* jourront ou cloistre de ceste esglise, parmy qu'ils bailleront à la fabrique XX l. t. »

18 août 1485. — « Ce jour, messieurs ont délibéré que on chantera matin affin [que] les joueurs de *Madame Sainte Barbe* puissent jouer plus matin. » (*Ibidem*, 6G, 7, reg. f°s 147 et 148 v°.)

XVII

24 mars 1488. — « Ce jour, messieurs ont consenti et accordé que les compaignons qui ont voulenté de jouer le *Jeu et vie de monsieur Saint-Jaques* ou cloistre de ceste esglise faire escharfaulx, pourveu qu'il ne clorront point du gros du pavé et pareillement laisseront passaige pour maistre Nicole Baudonnel et autres qui ont maisons canoniales. » (*Ibidem*, 6G, 8, reg. f° 22 v°.)

XVIII

14 avril 1488. — « Ce jour, messieurs ont baillé congyé aux compaignons de jouer le jour de Pasques le *Jeu de la Résurrection*. » (*Ibidem*, 6G, 8, reg. f° 24 v°.)

XIX

5 novembre 1489. — « Ce jour, messieurs ont permis à messieurs maistres Guillaume Huyard et Symon Liboron, advocas en la court séculière, requérans qu'il pleust à messieurs leur bailler congyé, permission et licence de jouer le *Mystère de la Passion* ou cloistre, y faire escharfault ; laquelle requestre messieurs ont consenti et ont permis mesdits sieurs que ceux qui vouldront jouer y puisse jouer, pourveu que trois ou quatre des plus souffisans se obligeront de rendre et restituer tous les interestz et dommaiges tant ou cloistre que en l'esglise. » (*Ibidem*, 6G, 8, reg. f° 37.)

XX

21 mai 1490. — « Ce jour, messieurs ont permis aux joueurs du *Mistère de (la) passion Notre Seigneur* que ou fera les cris : *De par le roy et*

messieurs... au cloistre de ceste esglise, sens préjudice de la justice de ceste esglise et ont ordonné messieurs que on créra aucuns desdits joueurs sergens de ceste esglise durant ledit jeu. » (*Archives départementales de l'Aube*, 6G, 8, reg. f° 49 r°.)

XXI

21 mars 1496. — « Ce jour, messieurs, en faveur de mon seigneur l'evesque et à la requeste de mon seigneur l'advocat maistre Symon Liboron et mon seigneur le lieutenant du prévost de Troyes, ont permis et permectent que ou cloistre on joue le *Mistère de la Passion*. » (*Ibidem*, 6G, 8, reg. f° 152 r°.)

XXII

3 mars 1505. — « Ce jour, messieurs ont consenti que le *Mistére de la Passion de Notre Seigneur J. C.* se joue, pour ceste présente année ès festes de Penthecauste prochain venant par les habitans de ceste ville ou cloistre de ceste église, ainsin qu'on a accoutumé de jouer,... et pendant le temps qu'on jouera ledit mystère, messieurs de ceste église aront lieu et place pour veoir jouer, ainsin qu'ilz ont eu du temps passé. » (*Ibidem*, 6G, 8 bis, f° 82 v°.)

XXIII

16 décembre 1507. — « Ce jour, messieurs ont députté messieurs le célérier, Jehan Maquart, Jehan Hennequin et Loys Budé pour veoir l'*Ystoire de mon sieur Saint Estienne* que Jehan de Soissons a demandé pour jouer ou cloistre de ceste église et en feront raport et après ledit raport on leur pourra permettre de la jouer oudit cloistre, s'il plaist à messieurs. » (*Ibidem*, 6G, 8 bis, f° 122 v°.)

XXIV

20 mars 1531. — « Cedict jour monsgr maistre Claude de Marisi, seigneur de Cervel, monseigneur le receveur Menisson, Guillaume Hennequin, Nicolas Dorigny, Pierre de Pleurre, Alain Bouillerot, Nicolas Bouillerot et autres plusieurs notables personnes habitans de ceste ville de Troyes ont comparu en ce chapitre, lesquelz, par ledict sieur de Cervel, ont déclaré que pour l'honneur de notre Saulveur et rédempteur Jhésu Christ et en mémoire de sa saincte et doloreuse passion, pour inciter et esmouvoir les cœurs du peuple à devotion et remémorer ladicte passion, plusieurs des habitans de ceste dicte ville de Troyes et mesmes de ceulx de la dicte compaignye avoyent entreprins, par bon vouloir et dévotion, de jouer par personnaiges,

le mistère de la Saincte passion du Saulveur et rédempteur J. C. ou lieu
et placé du jardin de la sale du roy, joignnant et tenant d'une part au
cloistre de ceste église et aux jardins et maisons appartenant à mes
dicts sieurs, d'autre part à la rivière de Seine appartenant à mes dicts
sieurs en toute justice, haulte, moyenne et basse et pescherye, supplyans
mesdits sieurs leur permectre dresser, estandre et dilater les eschaffaulx
qu'ilz prétendent faire jusques au premier orme et plus prochain dudict
jardin estant ou cloistre de ceste dicte église et aussi de planter et ficher
estoctz et pieux dedans ladicte rivière de Seine appellée la rivière de la
Salle appartenant à mesdicts sieurs en tout droict de pescherye, haulte justice, moyenne et basse pour faire aussi et dresser eschaffaulx et aussi que
pendant le temps que l'en jourra ledict mistère de accélérer et muer
l'heure du service divin et aussi permectre au maistre des enfans de cueur
de ceste église mener les orgues et les enfans de cueur pour chanter ou
paradis. Mesdits sieurs considérans ledit mistère estre le plus excellent et
contemplatif que l'en sçaroit jououer *(sic)* et qu'il sçaroit estre pour le salut
des chrestiens et esmouvoir à dévotion et rémémorer les peines et tormens
que Jhesu Christ receut à sa Passion, leur ont octroyé leurs requestes et
demandes proveu *(sic)* toutesvoyes qu'ilz ne dresseront leurs eschaffaulx du
costel de l'église de cy prés que l'on puisse monter dessus leur dicte église
ne aussi bouchez et oster la clarté d'icelle et que, s'ilz gastent aucunes
choses ou font aucun dommage, tant à la dicte église que es maisons, jardins et appartenances d'iceulx, ils seront tenuz le tout réparer et remectre
en tel estat qu'il est à présent ou meilleur, à leurs despens ; et avec ce,
pendant le temps que l'en jorra ledit mistère, ilz seront tenuz livrer passage et place, chambrée basse et haulte à mesdits sieurs et leurs serviteurs
assavoir chacun de MM. pourra mener avec luy deux serviteurs pour veoir
jouer ledict mistère, sans pour ce payer aucune chose ; ce que lesdicts assis-
tans ont accordé est *(sic)* mesmes lesdicts sieurs de Cervel, receveur, Dorigny, Bouillerot, de Pleurre, Gouau et autres et promis faire asseoir à mesdits sieurs avant que lever les eschafaulx du costel de l'église... » (*Archives
départementales de l'Aube*, 6G, 12, reg. f° 29-30.)

XXV

28 juin 1531. — « Et que, au moyen du *Mistère de la Passion
N. S. J. C.* que l'on joue par personnaiges dedans le jardin de la sale du
roy notre sire, prochain et actenant de ceste église, ledict service pourra
estre désordonné et desréglé, ont commis messieurs les doyen, prévost et
scolastique pour aller par devers ceulx qui ont la charge et gouvernement
pour conduire ladicte affaire, leur dire que s'ilz veulent procéder oultre on

dict mistère, à tout le moins qu'ilz attendent jusques ad ce que le divin service sera dict et célébré. » (*Archives départementales de l'Aube*, 6G, 12, reg. f° 66 r°.)

XXVI

8 janvier 1540. — « Cedict jour, noble homme maistre Bernard de Bryon, esleu de Troyes... a exposé que les habitans de ceste ville sont déliberez de jouer, représenter cest esté prochain le *Mistère de la vengeance* et qu'ilz ont obtenu permission de messieurs les officiers du roy de construire et ériger les eschaffaulx ou jardin dudit sieur et au moyen que icelluy jardin n'est assez spacieux, auroit supplié mesdicts sieurs ou nom desdicts habitans à ce qu'ilz leur pleust permettre de prendre place sur le cloistre de ceste église jusques aux ormes pour accroistre leurs dits eschaffaut et théatre par l'advis des charpentiers et mercenaires à ce commis par iceulx habitans. Sur quoy mesdicts sieurs ont faict response qu'ils feroient audit suppliant et ausdits habitans tout le plaisir et permission qui leur seroit possible, pourveu toutesfoys qu'ilz n'empeschent le passage dudict cloistre pour venir à l'église et qu'ilz réparent tout ce qu'il seroit demolly ou détérioré ès dicte église, cloistre et maisons canoniales pour le faict desdits eschaffaulx, théatre et deppendance et que en prenant les place et mesure pour ériger lesdits eschaffaulx soient appellez les maistres des oeuvres de ceste dicte église, pour veoir et adviser s'ilz se porront faire sans préjudice d'icelle église... et aussi que mes dits sieurs choisiront ès dits eschaffaux telle loge que bon leur semblera pour veoir jouer icellui mistère sans en payer aucune chose ; ce que ledit sieur de Bryon suppliant leur auroit promis et accordé. » (*Ibidem*, 6G, 15, reg. f° 12 v°.)

XXVII

15 juin 1540. — « A esté ordonné à mon sieur le chambrier aux causes d'informer ou fere informer des excés et délictz et des entreprinses faictes sur la justice de mes dits sieurs par les joueurs du *Mistère de la vengeance*, pour la conservation des droitz de leur dicte justice. » (*Ibidem*, 6G, 15, reg. f° 35 v°.)

XXVIII

9 septembre 1540. — « Claude Gombault, Jehan Gouault et Jehan Blandin ont exposé à mes dits sieurs qu'ilz estoient déliberez de fére jouer et représenter dymanche prochain et autres jours subsequens le mistère de *la Vie de monsieur de Sainct Loup*, les suppliant que leur bon plaisir fust accélérer le service de l'église, tellement que la messe soit dicte et para-

chevée environ les neuf heures du matin et que l'on différast de dire vespres jusques à trois heures; sur quoy, mesdits sieurs leur ont octroyé leur requête, pourveu toutesvoyes qu'ils permettront que messieurs et les vicaires et habituez de ceste dicte église entreront dedans le théatre gratis, sans en payer aucuns deniers et *non aliàs*. » (*Archives départementales de l'Aube*, 6G, 15, reg. f° 45.)

XXIX

24 novembre 1541. — « Mes dits sieurs ont permis à Jehan Gouaust de laisser le théatre estant au cloistre de ceste église jusques à Noël prochain venant, selon la requête par luy faicte présentement céans. » (*Ibidem*, 6G, 15, reg. f° 102 r°.)

PARIS. TYPOGRAPHIE PLON-NOURRIT ET Cⁱᵉ, 8, RUE GARANCIÈRE. — 19821.

PARIS
TYPOGRAPHIE PLON-NOURRIT et Cⁱᵉ
8, rue Garancière

www.ingramcontent.com/pod-product-compliance
Lightning Source LLC
Chambersburg PA
CBHW070450080426
42451CB00025B/2522